NOTICE

PRÉSENTÉE

Par M. René GÉRARD

A L'APPUI DE SA CANDIDATURE

A LA CHAIRE DE BOTANIQUE PHANÉROGAMIQUE

DE L'ÉCOLE SUPÉRIEURE DE PHARMACIE DE PARIS

PARIS

IMPRIMERIE DE LA FACULTÉ DE MÉDECINE

A. DAVY, Successeur de A. PARENT

52, RUE MADAME ET RUE CORNEILLE, 3

1887

NOTICE

PRÉSENTÉE

Par M. René GÉRARD

A L'APPUI DE SA CANDIDATURE

A LA CHAIRE DE BOTANIQUE PHANÉROGAMIQUE

DE L'ÉCOLE SUPÉRIEURE DE PHARMACIE DE PARIS

PARIS

IMPRIMERIE DE LA FACULTÉ DE MÉDECINE

A. DAVY, Successeur de A. PARENT

52, RUE MADAME ET RUE CORNEILLE, 3

1887

I. — GRADES UNIVERSITAIRES

1869. Bachelier ès sciences.

1877. Licencié ès sciences naturelles.

1879. Pharmacien de première classe.

1881. Docteur ès sciences naturelles.

II. — FONCTIONS ET SERVICES

ÉCOLE DE PHARMACIE DE PARIS.

1877-79. Préparateur des travaux pratiques de micrographie.

1878-79. Préparateur des cours d'histoire naturelle.

1879-84. Maître de conférences et chef des travaux pratiques
de micrographie. A procédé à l'installation du laboratoire à la nouvelle école.

1884. Agrégé d'histoire naturelle à l'Ecole supérieure de
pharmacie de Paris.

1886. 1° Chargé du cours de Botanique phanérogamique
(leçons et herborisations).

2° A suppléé en novembre le professeur de matière
médicale éloigné de Paris par ses fonctions.

ÉCOLE DES HAUTES-ÉTUDES.

1879-1884. En qualité de sous-directeur du laboratoire de *Micrographie appliquée* de l'École supérieure de Pharmacie de Paris, M. Gérard a guidé pendant une période de cinq ans toutes les recherches effectuées dans ce laboratoire. Près de *trente mémoires* ayant servi de thèses inaugurales ont été publiés. Sept d'entre eux ont été couronnés. (Prix Menier, prix des thèses, etc.).

ASSOCIATION PHILOTECHNIQUE.

Professeur de botanique depuis dix ans dans les sections Charlemagne et Montparnasse.
Membre du conseil depuis 1885.

MINISTÈRE DU COMMERCE.

1881. Délégué comme sous-directeur près le laboratoire d'inspection des viandes trichinées du Havre (20 mars, époque de la création).

III. — PUBLICATIONS

I.

Préparation de l'éther cicuté (*Journal de pharmacie et de chimie*; février 1876). La préparation de ce médicament est considérablement simplifiée. Le mode opératoire permet d'obtenir des quantités de produit constantes.

II.

La fleur et le diagramme des Orchidées (*Thèse de pharmacie*, 1879. Prix des thèses). On trouve dans la première partie le développement de l'anthère, ses modes de déhiscence, la formation des pollinies et celle des rétinacles et de la bursicule.

III.

Le diagramme des Orchidées, avec deux planches (*Ann. des sciences naturelles*, Botanique, 1879). Certaines Orchidées se rapprochent des Iridées, les autres des Amaryllidées. L'atrophie partielle de l'androcée a pour cause l'irrégularité du périanthe.

IV.

Structure de l'axe au-dessous des feuilles séminales (*Comptes rendus*, 31 mai 1880). La tigelle est une région de transition entre la racine et la tige.

V.

Passage de la racine à la tige, avec cinq planches (*Thèse de doctorat* et *Ann. des sciences naturelles*, Bot. 1881). Dans ce travail, l'auteur fait connaître incidemment la *membrane épidermoïdale* ou *assise subéreuse*, totalement méconnue jusqu'alors. Le rôle de cette membrane dans la nutrition de la plante est considérable. Sa découverte explique et confirme les expériences d'Ohlert sur l'absorption par les racines. 2° Il montre aussi que la couche rhizogène se prolonge à l'état d'assise continue dans la tige; 3° que le cambium interfasciculaire de la tige des dicotylédones ne prend pas toujours naissance dans la couche rhizogène et que, loin de là, il tire son origine le plus souvent des rayons médullaires. Ces découvertes ont résisté à la critique et ont pris place dans l'enseignement.

VI.

Sur l'oxalate de chaux concrétionné chez le Gui (*Bulletin de la Société de Botanique de France*, juin 1882). Premier exemple signalé d'oxalate de chaux non cristallin dans l'intérieur de la cellule végétale.

VII.

Sur la structure du *Pteris aquilina abbreviata* (*Bulletin de la Société Botanique de France*, 1882). L'anatomie montre que cette variété est due à un arrêt dans le développement de la plante, arrêt causé par la température élevée et la sécheresse du terrain où l'on rencontre ce végétal.

VIII.

Considérations sur les anomalies de l'axe (*Comptes rendus*, nov. 1883). L'auteur insiste sur ce fait que, dans l'étude de la formation des anomalies, on prend trop souvent le mode de perpétuation de l'anomalie pour son mode d'origine.

IX.

Structure de l'axe des OEnanthes (*Bulletin de la Société de Botanique de France*, décembre 1883). Les racines adventives tuberculeuses de ces plantes se trouvent en continuité directe avec des rameaux courts. Les anomalies si singulières de la tige et de la racine sont expliquées.

X.

L'anatomie comparée végétale appliquée à la classification.

Structure des Pomacées. (*Thèse d'agrégation*, 1884). L'anatomie concorde avec la morphologie pour faire de la famille des Pomacées un groupe bien homogène ; elle conduit aussi à la suppression de quelques genres mal établis.

XI.

Traité pratique de micrographie appliquée à la botanique, la zoologie, l'hygiène et les recherches cliniques, avec quarante planches sur cuivre hors texte (1886). Dans ce livre se trouvent résumées les leçons professées par l'auteur pendant les cinq années de sa maîtrise de conférence. On y rencontre de nombreuses descriptions inédites et quelques chapitres originaux (le poivre, etc.). Les planches oot été dessinées d'après nature.

XII.

Sur les formations anomales des Ménispermées (*Comptes rendus*, 22 novembre 1886). Les couches libéro-ligneuses superposées des Ménispermées se développent dans un parenochyme scendaire (provenant de l'endoderme dans la tige, du péricambium dans la racine) dont les assises se transforment successivement et de dedans en dehors en cambiums.

IV. — RECOMPENSES ET DICTINCTIONS

1872-73. Deuxième prix de l'Ecole de pharmacie.

1873-74. Premier prix de l'Ecole.
> Mention honorable pour les travaux pratiques de physique.
> Mention honorable pour les travaux pratiques de botanique.

1874-75. Deuxième prix de l'Ecole.
> Médaille d'argent pour les travaux pratiques de chimie analytique.

1879. Médaille d'or (prix des thèses).

1885. Officier d'académie.

Paris. — Typ. A. PARENT, A. DAVY, succ., imp. de la Faculté de médecine
52, rue Madame et rue Corneille, 3